Salim Melloul

**L'Islam n'est pas forcément...musulman!**

Salim Melloul

# L'Islam n'est pas forcément...musulman!

Découvrir les secrets et les vertus d'une eau se fait essentiellement à sa source et non aux ruisseaux qui en découlent

Bloggingbooks

**Impressum / Mentions légales**
Bibliografische Information der Deutschen Nationalbibliothek: Die Deutsche Nationalbibliothek verzeichnet diese Publikation in der Deutschen Nationalbibliografie; detaillierte bibliografische Daten sind im Internet über http://dnb.d-nb.de abrufbar.
Alle in diesem Buch genannten Marken und Produktnamen unterliegen warenzeichen-, marken- oder patentrechtlichem Schutz bzw. sind Warenzeichen oder eingetragene Warenzeichen der jeweiligen Inhaber. Die Wiedergabe von Marken, Produktnamen, Gebrauchsnamen, Handelsnamen, Warenbezeichnungen u.s.w. in diesem Werk berechtigt auch ohne besondere Kennzeichnung nicht zu der Annahme, dass solche Namen im Sinne der Warenzeichen- und Markenschutzgesetzgebung als frei zu betrachten wären und daher von jedermann benutzt werden dürften.

Information bibliographique publiée par la Deutsche Nationalbibliothek: La Deutsche Nationalbibliothek inscrit cette publication à la Deutsche Nationalbibliografie; des données bibliographiques détaillées sont disponibles sur internet à l'adresse http://dnb.d-nb.de.
Toutes marques et noms de produits mentionnés dans ce livre demeurent sous la protection des marques, des marques déposées et des brevets, et sont des marques ou des marques déposées de leurs détenteurs respectifs. L'utilisation des marques, noms de produits, noms communs, noms commerciaux, descriptions de produits, etc, même sans qu'ils soient mentionnés de façon particulière dans ce livre ne signifie en aucune façon que ces noms peuvent être utilisés sans restriction à l'égard de la législation pour la protection des marques et des marques déposées et pourraient donc être utilisés par quiconque.

Coverbild / Photo de couverture: www.ingimage.com

Verlag / Editeur:
Bloggingbooks
ist ein Imprint der / est une marque déposée de
OmniScriptum GmbH & Co. KG
Heinrich-Böcking-Str. 6-8, 66121 Saarbrücken, Deutschland / Germany
Email: info@bloggingbooks.de

Herstellung: siehe letzte Seite /
Impression: voir la dernière page
**ISBN: 978-3-8417-7203-9**

Copyright / Droit d'auteur © 2013 OmniScriptum GmbH & Co. KG
Alle Rechte vorbehalten. / Tous droits réservés. Saarbrücken 2013

**L'ISLAM N'EST PAS FORCEMENT....MUSULMAN!**

## PREFACE

Mettre au clair toute nuance sur l'Islam en tant que religion et les comportements d'une ou de plusieurs catégories de musulmans à travers le monde devient une nécessité incontournable, juger les préceptes de l'Islam, la religion de plus d'un milliard et demi de personnes à travers le monde en se basant uniquement sur les comportements d'une catégorie de ses adeptes ne fait que renforcer la phobie à son égard, aujourd'hui, il est temps d'apprendre à distinguer entre la loi islamique en tant que telle et les exemples de sa mise en œuvre impropre, il est temps aussi de mettre à l'écart des clichés issus d'un bouche à oreille fourbe, basé sur des exemples isolés constituant une minorité dans un univers où la religion est de plus en plus d'actualité...Ce bouquin vise à abroger ces clichés, car, il faut bien le retenir, l'Islam n'est pas forcément...musulman !

## L'islam et le racisme

Le racisme, un fléau de plus en plus répandu à travers le monde, qu'il s'agisse d'un racisme de race, de couleur, de religion, de statut social, d'appartenance à une communauté...Ce phénomène est inquiétant et mets en péril tous les efforts fournis par plusieurs organismes non gouvernementaux mondiaux en matière de développement des droits humains. La position de l'Islam a été, depuis plus de 14 siècles, claire à cet effet, le racisme est refusé, sous n'importe quel prétexte, le prophète Mohammed (Paix et miséricorde soient sur lui) (Paix et miséricorde soient sur lui) (Paix et miséricorde soient sur lui) a dit :

« *Ô gens ! Sachez que votre Seigneur est unique et que votre père est unique (Adam). Sachez qu'il n'y a aucune différence entre un arabe et un non arabe. Il n'y a pas de différence non plus entre un blanc et un noir, si ce n'est par la piété. Ai-je bien transmis le message ? Le Messager d'Allah (Dieu) a bien transmis le message, ont-ils répondu.* ».

Ainsi, aucun musulman n'est sensé être raciste envers son frère musulman ou non musulman, car, la seule éventuelle différence justifiée est celle liée au degré de piété envers Allah (Dieu) et le degré de bonté d'un Homme envers autrui.

En Islam, il n'existe pas de différence entre un blanc et un noir, un arabe et un indien, un pauvre et un riche, un Homme issue d'une grande et célèbre famille et un simple citoyen, tous doivent être égaux en droits et obligations, d'ailleurs, le cinquième pilier de l'Islam à savoir le « Hajj » est un événement propice pour confirmer cette règle, en effet, à la Mecque, une seule fois par an, sont rassemblés un peu plus de trois millions de musulmans, portant à peine un morceau de vêtements cachant leur parties intimes (*Al Ihram*), des croyants de diverses catégories sociales, de couleurs différentes, tous soumis devant le pouvoir d'Allah (Dieu), sans différence ni favoritisme.

En conséquence, contrairement à ce qui est perçu, tout musulman qui se croit supérieur à son frère musulman par son argent, sa couleur, son statut social ou son pays d'origine demeure en non-conformité absolue avec les préceptes de l'Islam.

## L'Islam et la consommation de l'alcool

Il est d'une évidence incontournable qu'une bonne majorité de musulmans et de non musulmans sont d'accord que l'alcool, de manière globale, présente énormément de menaces sur la santé humaine (risques de déclenchement de plusieurs maladies graves : cancer du foie, du sang, risques néfastes sur la grossesse et l'enfant...), l'abus d'alcool peut aussi présenter d'autres menaces sérieuses sur la vie des individus (Accidents suite à la conduite en état d'ébriété, actes criminels...), toutefois, la consommation de l'alcool est remarquable aussi bien au sein des pays laïcs (occident) qu'au sein des pays dont la religion officielle est l'Islam (orient), partant de ce dernier constat, sachant aussi qu'il est réputé que l'Islam interdit la consommation de l'alcool, pourquoi retrouve-t-on alors des musulmans ivres ?

La question est pertinente dans la mesure où il existe bel et bien un texte coranique clair et direct interdisant la consommation de l'alcool, la nuance est ainsi levée, Allah (Dieu) a dit dans le coran :

*« Ô les croyants! Le vin, le jeu de hasard, les pierres dressées, les flèches de divination ne sont qu'une abomination, œuvre du diable. Ecartez-vous en, afin que vous réussissiez ».*

Cette interdiction n'a jamais fait l'objet de divergences d'opinions entre les savants *(Oulémas)*, par conséquent, il est nécessaire de découvrir les raisons réelles et concrètes justifiant l'existence de musulmans consommateurs d'alcool. Les avis à cet effet diffèrent bien évidemment, toutefois, il existe des facteurs en commun à savoir:

*-L'ignorance de l'existence d'un texte CLAIR et DIRECT par plusieurs musulmans;*

*-L'existence d'un "degré de foi" assez faible (surtout dans la catégorie des musulmans non pratiquants) par manque de sensibilisation et par la volonté de plusieurs régimes arabo-musulmans de cerner le champ religieux et de limiter l'effet des émissions religieuses dans les médias officiels (pour des raisons politiques et parfois pour des raisons purement commerciales);*

*-La disponibilité de l'alcool dans les pays musulmans;*

*- La non application des lois interdisant la consommation de l'alcool au sein des communautés musulmanes.*

En définive, sur la question de l'alcool, l'Islam a été clair, le texte existe, en revanche, son application au sein des communautés musulmanes a été depuis toujours une question de système de gouvernance, d'intérêts économiques et de politiques des médias...

## L'Islam et la polygamie

La polygamie en Islam est autorisée. En effet, chaque Homme musulman a le droit d'avoir jusqu'à quatre épouses à la fois, le remariage n'est pas conditionné ainsi par l'existence d'un divorce préalable. A première vue, ce précepte pourrait être perçu comme une injustice flagrante à l'égard de l'épouse musulmane, qui quant à elle, n'a pas ce même droit.

L'ignorance du contexte et des particularités coraniques de ce précepte ne fait que confirmer cette injustice présumée, ce n'est qu'une fois toutes les explications sur ses vraies motivations aussi bien dans le temps que dans l'espace qu'il est finalement compris et accepté.

En effet, la possibilité que l'Homme musulman se marie avec quatre épouses en Islam n'a jamais été une autorisation issue d'une mauvaise volonté de discrimination à l'égard des Femmes ou d'une permission à tord dont l'objectif est de satisfaire "la soif sexuelle" de l'Homme, loin de cela, cette permission a été accordée dans un contexte historique donnée, celui de l'existence d'une multitude de guerres et des conflits tribaux dont la conséquence principale était la mort d'un grand nombre d'Hommes en majorité pères de famille.

Ceci constituait une réelle catastrophe pour les Femmes qui se trouvaient soudainement en situation très délicate surtout avec l'existence de plusieurs enfants à charge. L'Islam a permis ainsi aux Hommes survivants d'épouser les Femmes de leurs compatriotes et voisins décédés afin de subvenir à leurs besoins et ceux de leurs enfants. Il est à préciser qu'en Islam, l'Homme est dans l'obligation de subvenir aux besoins de son ou ses épouses et de ses ou leurs enfants.

En outre, cette autorisation d'épouser deux, trois ou quatre Femmes est soumise à plusieurs conditions. Il est nécessaire de savoir qu'un polygame est censé respecter certaines règles dont principalement la justice entre ses épouses en temps et en ressources. Ainsi, chaque polygame jugé injuste à l'égard de l'une ou plusieurs de ses épouses est en contradiction avec le principe et la raison d'être du précepte.

Allah (Dieu) a dit au Coran :

*"Si vous craignez d'être injustes pour les orphelins, épousez des Femmes qui vous plaisent. Ayez-en deux, trois ou quatre, mais si vous craignez d'être injustes, une seule ou bien des esclaves de peur d'être injustes."*

Comme il est assez connu, durant les premières années de l'avènement de l'Islam, l'esclavagisme était toujours assez répandu au monde entier dont bien évidemment les terres d'Arabie, l'Homme pouvait ainsi épouser une ou plusieurs Femmes esclaves.

Actuellement, la polygamie est devenue de plus en plus limitée au monde musulman, très peu d'Hommes ont actuellement plus d'une seule épouse (<10%) indépendamment de leurs conditions financières, la raison de ce constat est tout simplement la disparition progressive des cas de guerres de masse où plusieurs centaines de milliers, voire quelques millions d'Hommes sont décédés, eu égard des conflits géopolitiques actuels qui, très souvent, n'entrainent pas de déséquilibre quantitatif majeur en terme de répartition Hommes / Femmes.

En conclusion, accuser l'Islam en tant que religion discriminatoire à l'égard des Femmes en se basant sur un argument très souvent utilisé qu'est celui de la polygamie est une réflexion issue d'une ignorance flagrante...Dépister des cas d'Hommes polygames pour des raisons de désir et d'épanouissement et les utiliser comme cas d'école pour attaquer l'Islam est tout simplement une logique déplacée et anachronique.

## L'Islam et le mariage

Le mariage de manière générale est défini comme étant une union légitime d'un Homme et d'une Femme en vue de fonder un foyer. En Islam, cette définition demeure partiellement valable puisque les objectifs de stabilité et d'affinité y sont impérativement associés, ainsi, l'Islam considère le mariage comme une source de quiétude et de partage d'un ensemble de sentiments positifs. Au Coran, Allah (Dieu) a dit :

*« Et parmi ses signes, Il a créé de vous, pour vous, des épouses pour que vous viviez en tranquillité avec elles et il a mis entre vous de l'affection et de la bonté. Il y a en cela des preuves pour des gens qui réfléchissent. »*.

Par conséquent, avant de décider de se marier, il faudrait que chaque personne puisse être consciente des objectifs de cette union et qu'elle soit dans l'obligation de participer à la création d'un climat de stabilité et de bonté avec son futur partenaire, loin de tout esprit d'individualisme et de profitabilité.

L'Islam a mis au clair les droits et obligations du mari et de l'épouse, il a tracé les bases d'une vie conjugale sereine et stable. En l'espèce, le futur mari est censé connaître les critères de sélection de son épouse, de même pour celle-ci, à cet effet, le critère principal cité par l'Islam demeure le degré de foi et l'aptitude à respecter les préceptes de l'Islam, car, un foyer ne peut être stable sans que chaque partie puisse respecter ses droits et ses obligations envers son conjoint, un déséquilibre à cet effet peut être fortement nuisible pour la stabilité de la petite famille.

Dans le même contexte, il serait utile de rappeler les principaux droits et obligations du mari et de son épouse suivant la loi islamique :

Du mari envers son épouse :

- Le douaire « *Al Mahr* » : Il s'agit d'un don en espèce ou un nature qu'offre le mari à son épouse dans le cadre de l'acte de mariage. La valeur du douaire peut être fixée en commun accord entre les deux familles sinon entre l'épouse elle-même et son mari.

-La prise en charge matérielle et financière « *La nafaka* » : le mari est amené à prendre en charge intégralement son épouse sur tous les aspects de la vie quotidienne, qu'il s'agisse de l'alimentation, de l'habillement, de l'habitation… L'épouse quant à elle, ne devrait pas faire supporter son mari au-delà de ses capacités financières. Toutefois, si celle-ci exerce une fonction en contre partie d'une rémunération, elle peut, si et seulement si elle le souhaite, aider financièrement son mari dans la gestion financière du foyer.

-Le respect de la personne de l'épouse : le mari devrait obligatoirement respecter son épouse, ne jamais l'insulter ni l'offenser d'une manière vulgaire menaçant sérieusement sa santé psychique et physique. Il est tenu de bien se comporter avec elle et essayer, dans la mesure du possible, de satisfaire ses besoins.

De l'épouse envers son mari :

-L'obéissance dans la limite des préceptes de l'Islam : l'épouse en Islam est censée obéir à son mari et ne pas le contrarier de manière abusive et exagérée sans aucun prétexte ni fondement, cette obéissance devrait être corrélée avec les préceptes de l'Islam et les droits dont disposent la Femme envers son mari. Cette obéissance ne veut nullement signifier l'imposition du point de vue du mari au détriment de celui de la Femme, bien au contraire, le mari est invité à se concerter dans la mesure du possible avec son épouse avant toute prise de décision.

-La préservation du secret familial : il est formellement interdit à l'épouse de dévoiler à quiconque que se soit les secrets familiaux intimes du foyer, l'épouse est invitée à préserver l'intimité de ce foyer et à être continuellement consciente de la sacralité du lien du mariage. Pour complément, le mari est tenu aussi à faire de même.

-Le respect de la personne de l'époux : à l'égard du mari, l'épouse devrait obligatoirement respecter son époux, ne jamais l'insulter ni l'offenser d'une manière vulgaire menaçant sérieusement sa santé psychique et physique. De même, elle est tenue de bien se comporter avec lui et essayer, dans la mesure du possible, de satisfaire ses besoins.

Les droits et obligations mutuels du mari envers son épouse et vice-versa cités au Coran et dans les *Hadit*hs du prophète Mohammed (Paix et miséricorde soient sur lui) sont plus détaillés dans plusieurs ouvrages de savants musulmans, ceux cités ci-dessus ne représentent qu'un échantillon.

En outre, malheureusement, il est constaté qu'au sein de plusieurs couples musulmans, les droits et obligations que l'Islam a bien énuméré et détaillé ne sont pas respectés, d'où les multiples cas de divorces constatés dans plusieurs pays musulmans.

Très souvent, les juges constatent que les maris se plaignent du mauvais comportement de leurs épouses envers eux et du non respect de leurs obligations, de même pour les épouses qui se plaignent du désengagement de leurs maris et de leur ignorance de l'importance de la vie de couple et des responsabilités y afférents. Des problèmes issus tout simplement de l'ignorance ou de la non-application des préceptes de l'Islam à cet effet...

## L'Islam et l'infidélité conjugale

L'infidélité dans le cadre de la vie conjugale est certainement un acte dont les conséquences sont néfastes sur la vie de couple, selon plusieurs statistiques, aussi bien relatives aux Femmes qu'aux Hommes, tout est pardonnable sauf l'infidélité, il s'agit de la ligne rouge à ne pas franchir...

L'islam a depuis toujours interdit l'infidélité conjugale, il a mis une punition dans ce monde pour ceux qui commettent l'adultère, et un châtiment dans l'au-delà pour ceux qui ne se repentent pas, il a aussi distinguer entre la personne mariée et la personne qui ne l'est pas, la sanction étant plus sévère pour la première bien évidemment. Au Coran, il est dit :

*"Et n'approchez point la fornication. En vérité, c'est une turpitude et quel mauvais chemin !"*, il est aussi dit : *"Dis aux croyants de baisser leurs regards et de garder leur chasteté. C'est plus pur pour eux. Allah (Dieu) est, certes, Parfaitement Connaisseur de ce qu'ils font"*.

Par ailleurs, il est fortement remarqué qu'au sein de la communauté des musulmans, l'adultère n'est certainement pas absent, dans quelques pays, les tribunaux fournissent continuellement des jugements sur plusieurs dossiers relatifs à l'adultère, ceci est dû principalement à plusieurs facteurs dont :

-L'absence d'une éducation sexuelle saine (alors que l'Islam favorise cette éducation sans pour autant la rendre vulgaire) ;

- La non application de la loi islamique (Qui oserait pratiquer l'adultère en sachant qu'il sera automatiquement confronté à la peine de mort, réservée aux mariés infidèles dans la loi coranique?);

-L'absence d'une sensibilisation de l'importance accordée par l'Islam à la vie conjugale et son impact sur la préservation des valeurs humaines au sein des sociétés;

Mettre en doute ainsi la capacité de l'Islam à combattre l'adultère constituerait certainement un faux jugement.

## L'Islam et la science

L'Islam n'a jamais été en contradiction avec la science, à l'opposé de plusieurs accusations, l'Islam a toujours encouragé la recherche scientifique et les différentes découvertes qui peuvent servir l'humanité, d'ailleurs, le premier verset coranique transmis au prophète Mohammed (Paix et miséricorde soient sur lui) traite de la nécessité de lutter contre l'analphabétisme et l'obligation de lire et étudier, en effet, Allah (Dieu) a dit au Coran:

« *Lis, au nom de ton Seigneur qui a créé, qui a créé l'Homme d'une adhérence. Lis! Ton Seigneur est le Très Noble, qui a enseigné par la plume [le calame], a enseigné à l'Homme ce qu'il ne savait pas* »

Aussi, l'Islam a toujours fait référence aux capacités du cerveau à rechercher et à analyser les phénomènes scientifiques, le verset « **Pour des gens qui réfléchissent** » est cité à plusieurs reprises au Coran, ce verset est souvent associé à des faits et découvertes scientifiques particulières. De plus, le texte coranique contient un ensemble de miracles scientifiques dont l'authenticité n'a été découverte qu'au cours du siècle précédent, cette découverte n'a été effectuée que suivant les différents signes et indices fournis par le texte coranique, ce qui justifie l'encouragement de l'Islam à développer le sens de la recherche et de l'observation.

De même, l'unicité d'Allah (Dieu) en tant que créateur unique, considérée d'ailleurs comme fondement principal de toute religion monothéiste, a à son tour fait l'objet de recherches scientifiques notamment à travers la fameuse théorie de l'évolution de Darwin qui supposait qu'Allah (Dieu) n'était pas à l'origine des créations sur cet univers et par conséquent, qu'il n'existait pas une raison fondamentale pour l'adorer, toutefois, comme il est assez connu, plusieurs chercheurs et philosophes musulmans et non musulmans ont démontré que la théorie de Darwin était inexacte, qu'il s'agissait avant tout d'une hypothèse dépassée à la suite des dernières découvertes scientifiques prouvant que le Coran contenait bel et bien un ensemble de miracles scientifiques n'étant pas encore dévoilés au temps de Darwin, qu'il s'agissait authentiquement de la parole d'Allah (Dieu) et que ce dernier est à l'origine de toutes les créations dans ce monde.

En définitive, depuis l'avènement de l'Islam, la recherche scientifique a toujours préservé son importance et sa valeur incontestable, d'ailleurs, plusieurs pays dont la majorité de la population est musulmane sont considérés actuellement comme des nations émergentes en matière de recherche scientifique, en l'occurrence, la Malaisie, l'Indonésie, la Turquie et bien d'autres…

Estimer que l'Islam va à l'encontre du savoir et de l'intelligence scientifique en se basant sur le faible intérêt réservé par la majorité des nations musulmanes à la recherche scientifique (A l'exception de quelques unes dont celles citées ci-avant) demeure une fausse conclusion, s'il existe des raisons réelles, il est constaté qu'elles n'ont aucune corrélation avec les préceptes de loi islamique.

## L'Islam et les chrétiens

La relation entre les chrétiens et les musulmans a toujours suscité une polémique assez compliquée à comprendre et à cerner. Plusieurs faux jugements ont été avancés par plusieurs instances qui se veulent religieuses, des jugements confirmant la dimension de tension et de confrontation entre les deux communautés. Des propos qui sont, dans la majorité des cas, loins d'être authentiques.

Il est à noter que l'Islam a depuis toujours favoriser la cohabitation entre les communautés monothéistes quelques soient leurs religions, Allah (Dieu) a dit au Coran :

« *Il y a, parmi les Gens du Livre, une communauté droite qui, aux heures de la nuit, récite les versets d'Allah (Dieu) en se prosternant. Ils croient en Allah (Dieu) et au jour dernier, ordonnent le convenable, interdisent le blâmable et concourent aux bonnes œuvres. Ceux-là sont parmi les gens du bien»*.

Aussi, au Coran, Allah (Dieu) a dit :

« *Ô Gens du Livre, venez à une parole commune entre nous et vous: que nous n'adorions qu'Allah (Dieu), sans rien lui associer, et que nous ne prenions point les uns les autres pour seigneurs en dehors d'Allah (Dieu). Puis, s'ils tournent le dos, dites: Soyez témoins que nous, nous sommes soumis* ».

Pour rappel, les gens des livres au Coran sont les communautés monothéistes qui croient en Allah (Dieu), qu'il est seul et sans semblable. En conséquence, il est à préciser que jamais les musulmans n'ont considéré les chrétiens comme des ennemis à combattre avec comme argument principal la différence de religion, bien au contraire, Allah (Dieu) a ordonné aux musulmans de respecter les chrétiens qui vivent avec eux en paix, ne faisant nullement atteinte à leur droit de vivre communément dans le cadre d'une tolérance mutuelle, Allah (Dieu) a dit au Coran :

*« Et ne discutez que de la meilleure façon avec les Gens du Livre, sauf ceux d'entre eux qui sont injustes. Et dites: Nous croyons en ce qu'on a fait descendre vers nous et descendre vers vous, tandis que notre Dieu et votre Dieu est le même, et c'est à lui que nous nous soumettons».*

Toutefois, l'Islam a ordonné aux musulmans victimes d'une injustice ou qui se voient offensés de manière inéquitable par les chrétiens ou les juifs de se défendre et de déclarer la guerre sainte, celle-ci vise principalement l'élimination de toute sorte d'injustice ou de tyrannie. D'ailleurs, les ennemis de l'Islam utilisent souvent ce principe d'autodéfense pour accuser l'Islam de religion de terrorisme, d'intolérance et de subversion sans se soucier de l'origine du conflit et de l'initiateur de l'injustice. Il s'agit à titre d'exemple du cas du conflit palestinien, de l'argumentaire utilisé lors de la guerre en Iraq (Recherche des armes de destruction massive pouvant menacer la paix dans la région du moyen orient).

En somme, il n'est nullement véridique d'attaquer l'Islam et ses préceptes en l'accusant de religion de terreur envers les chrétiens en argumentant avec des cas isolés de musulmans offensant des chrétiens dans quelques rares zones géographiques du monde, l'Islam est et sera complètement innocent de ce genre d'actes...

## L'Islam et l'obéissance de l'épouse à son mari

La Femme en Islam est perçue par quelques courants occidentalistes comme un esclave dont la mission principale est l'obéissance à son supérieur, en l'occurrence le mari !

Pour plusieurs d'entre eux, l'obéissance de la Femme signifie sa soumission, l'écrasement de ses droits humains de base, l'élimination de son point de vue et de sa perception de choses, il s'agit de conclusions complètement à tord lorsque l'on découvre pourquoi Allah (Dieu) a ordonné à l'épouse d'obéir à son mari, en sachant d'abord les conditions d'obéissance et ensuite les raisons de celle-ci.

Pour les conditions, il est nécessaire de préciser que la Femme obéit à son mari dans la limite du respect des préceptes de l'Islam et dans la limite du respect de sa personne et de ses droits.

A titre d'exemple, la Femme a le droit entier de refuser d'obéir à son mari quand celui-ci lui demande de lui céder sa fortune, de quitter le foyer, de se débarrasser de son voile, de ne plus prier, de ne plus visiter ses parents...Il s'agit ainsi d'une obéissance relative et soumise à des conditions strictes respectant la personne de la Femme et sa liberté d'agir dans le cadre des préceptes de sa religion.

Par ailleurs, le mari ne devrait surtout pas profiter de cet "avantage" pour en abuser et imposer à sa Femme tout ce qu'il souhaite, car, l'Islam l'a bien précisé, l'Homme est dans l'obligation de respecter la dignité de la Femme et de la fréquenter de la manière la plus correcte, d'ailleurs, le dernier message que le prophète Mohammed (Paix et miséricorde soient sur lui) communiqué à la

*Oumma (Communauté des musulmans)* avant sa mort s'articulait autour de **la nécessité de préserver la prière et de bien se comporter avec les Femmes.**

Pour revenir aux raisons de l'obéissance, comme précédemment cité dans d'autres articles, l'Homme est tenu à prendre en charge tous les besoins physiques et matériels de son épouse et de ses enfants, il s'agit ainsi du rôle du père de famille dont le mari en est entièrement responsable en Islam, en contre partie de cette responsabilité et afin qu'il puisse gérer au mieux son foyer dans un environnement propice et favorable, l'Islam a ordonné à la Femme de l'aider en obéissant non pas à ses "ordres", comme perçu malheureusement, mais surtout en évitant de s'opposer continuellement à ses demandes ou suggestions pour quiconque raison banale, d'écarter et de négliger très souvent ses propos, de mettre une pression additionnelle sur lui....

Il s'agit d'une certaine "souplesse" que la Femme devrait en faire preuve afin que le mari puisse respecter ses engagements envers elle et envers son foyer de manière globale dans les meilleures conditions. Cet équilibre que l'Islam propose est justement l'une des sources principales de la réussite de la vie de couple : un mari responsable, traitant respectueusement son épouse, considérant ses points de vus et une épouse facilitatrice, ouverte à quelques concessions tant qu'elles ne touchent pas à ses droits fondamentaux dont principalement celui de l'expression et de la prise en compte de ses opinions.

Dans ce contexte, au Coran, Allah (Dieu) a dit :

*"Et parmi ses signes Il a créé de vous, pour vous, des épouses pour que vous viviez en tranquillité avec elles et Il a mis entre vous de l'affection et de la bonté. Il y a en cela des preuves pour des gens qui réfléchissent"*. De même,

Allah (Dieu) a dit : « *Les épouses pieuses sont obéissantes et gardent dans l'absence ce que Dieu sauvegarde* ».

*Abou Houraira* (L'un des compagnons du prophète) rapporte que le messager d'Allah (Dieu) Mohammed (Paix et miséricorde soient sur lui) a dit :

« *Si une Femme prie ses cinq prières (quotidiennes) et préserve ses parties intimes chastes et obéit à son mari, elle entrera au paradis, par la porte qu'elle souhaite.* »

Finalement, il est commode d'avancer que l'Islam plaide pour la sujétion de la Femme envers son mari en écrasant tous ses droits dans le foyer, néanmoins, un jugement valable et crédible devrait avoir comme référence non pas les comportements de quelques musulmans, oui, il faut le reconnaître, qui traitent très inconvenablement leurs épouses par ignorance du précepte de l'obéissance conditionnée et sa confusion avec l'esclavagisme pur et parfait, mais surtout des références analogues, vérifiées et prêtes à être extrapolées.

## L'Islam et le jeun de Ramadan

Plusieurs centaines de millions de musulmans à travers le monde jeunent au cours du mois sacré de Ramadan. Il s'agit du mois durant lequel le Coran a été transmis pour la première fois au prophète Mohammed (Paix et miséricorde soient sur lui). Le Jeun de ce mois est obligatoire en Islam, il s'agit de 29 ou 30 jours (selon le calendrier lunaire) pendant lesquels le musulman ne devrait ni boire, ni manger, ni avoir des rapports sexuels avec son conjoint de l'aube jusqu'au coucher du soleil.

Le jeun a été promulgué aussi et surtout pour que chaque musulman riche ou disposant des moyens financiers suffisants pour subvenir à ses besoins de base puisse sentir la souffrance de son semblable pauvre et en nécessité aigue. Il s'agit d'un sentiment d'empathie qui rappelle à tout musulman la nécessité d'être solidaire avec autrui et de partager continuellement une partie de son revenu avec les plus démunis.

Ces derniers temps, le monde arabo-musulman a vu l'apparition de quelques mouvements minoritaires militant contre le jeun au cours du mois de Ramadan en appelant à sa rupture en public, le prétexte : le respect des libertés personnelles. La plupart des membres de ses mouvements ignorent l'intérêt et la vraie finalité du jeun du mois de Ramadan, pour plusieurs d'entre eux, l'Islam ne devrait pas imposer ce jeun et devrait laisser la liberté à ceux qui veulent le pratiquer et ceux qui ne le veulent pas.

Sur l'agenda de ces mouvements, l'argument de la solidarité sociale n'existe point, non pas par mauvaise volonté, mais tout simplement par ignorance, car, plusieurs de leurs membres, connaissant le vrai fondement et la finalité réelle du jeun, pourront être en mesure de revoir leurs positions. D'ailleurs, le jour de *l'Aid Al Fitr"* (la fête de la rupture du Jeun), les musulmans sont invités, selon la *Sounna (Pratiques du prophète)*, à distribuer des charités aux pauvres avant d'effectuer la prière de l'*Aid*, preuve, entre autres, de l'assimilation de la leçon du jeun, celle dont la finalité est principalement la transmission des principes de la solidarité et de la distribution équitable des richesses.

## L'Islam et la protection des animaux

La protection des animaux a toujours été au cœur des fondements de l'Islam, oui, il s'agit bel et bien d'un sujet dont l'Islam a réservé une importance primordiale. Plusieurs textes divins ont mis en valeur la nécessité de protéger les animaux en interdisant toute mauvaise pratique à leur égard, d'ailleurs, plusieurs *Hadiths* du prophète Mohammed (Paix et miséricorde soient sur lui) ont traité ce sujet, à titre d'exemple, le prophète a dit :

« *Maudit soit celui qui mutile les animaux.* » de même, le prophète a précisé le bon sort de celui qui traite convenablement les animaux en racontant l'anecdote suivante :

« *Un Homme, qui cheminait sur une route et souffrait d'une soif ardente, trouva un puits. Il descendit dans ce puits et y but. Quand il remonta, il vit un chien tout haletant de soif qui mâchait la terre (humide). Cet animal, se dit l'Homme, souffre de soif autant que j'en souffrais moi-même. Alors, descendant dans le puits, il remplit sa bottine d'eau et en abreuva le chien. Allah (Dieu) le récompensa pour son acte et lui pardonna ses fautes* ».

A l'opposé, le prophète a attiré l'attention sur le mauvais sort et le châtiment qui attendent celui qui maltraite tout animal en illustrant par les propos suivants:

« *Une Femme avait martyrisé une chatte en l'enfermant et la laissant mourir (de faim). À cause de cela, cette Femme alla en Enfer, parce qu'elle ne l'avait ni nourrie, ni fait boire quand elle était enfermée et qu'elle ne l'avait pas laissée (non plus) manger des insectes de la terre. »*.

Par conséquent, les multiples *Hadiths* du prophète préviennent tout musulman maltraitant les animaux, soit en les privant de leur liberté alors que celle-ci est indispensable à leur survie, soit en les laissant sans nourriture ni eau, soit en leur faisant peur ou en les surexploitant. En somme, sur le volet de la protection de l'animal, l'Islam démontre encore une fois que les mauvaises pratiques constatées dans quelques pays musulmans à l'égard des animaux ne sont absolument pas conformes avec ses préceptes nobles à cet égard.

## L'Islam et la propreté du corps humain

La propreté et l'hygiène du corps humain a toujours constitué un précepte incontestable en Islam. Le prophète Mohammed (Paix et miséricorde soient sur lui) a considéré la propreté comme un élément faisant partie de la foi : « **La propreté fait partie de la foi** », d'ailleurs, comme connu, le musulman se purifie cinq fois par jour au moment des prières, car, réellement, la pureté de l'âme ne peut être complète sans celle du corps.

De plus, la propreté du corps du musulman permet de véhiculer l'image du croyant propre, respectant son entourage et donnant l'exemple, ceci est valable bien évidemment au sein de n'importe quelle société, qu'elle soit à majorité musulmane ou pas. En Islam, la propreté suit l'être humain tout au long de son cycle de vie, depuis sa naissance jusqu'à sa mort.

En effet, durant la période de l'enfance, les parents musulmans sont tenus à assurer l'hygiène de leur progéniture, une fois à l'âge de puberté, le jeune adolescent (la jeune adolescente) est tenu à effectuer ses prières d'où l'obligation de se purifier plusieurs fois par jour, au moment du décès, les proches du défunt (de la défunte) sont tenus d'assurer son ensevelissement avant son enterrement.

Bien évidemment, quand la propreté du corps humain est évoquée, celle des vêtements l'est aussi, un musulman propre doit s'assurer aussi que ses vêtements et sa lingerie le sont aussi, de même, l'odeur qui se dégage de son corps devrait être plaisante.

En définitive, plusieurs musulmans à travers le monde, surtout les non-pratiquants, ne font pas attention à leur hygiène ni à la propreté de leurs vêtements, ceci comme cité précédemment est loin d'être en harmonie aux préceptes de l'Islam, cette religion qui a considéré la propreté comme un élément indispensable de la foi.

## L'Islam et la cigarette

Fumer tue! Il s'agit désormais d'une réalité universelle incontestable...Toute personne qui fume met gravement en péril sa santé et celle de sa famille et de ses proches, victimes quotidiennement de la fumée des cigarettes. Toutefois, il serait intéressant de découvrir la position de l'Islam par rapport à l'acte de fumer, existe-t-il des versés coraniques ou des *Hadit*hs du prophète à cet effet?

L'Islam en tant que religion visant à éclaircir le chemin du bien à tout être humain a interdit tout acte nuisant à la santé humaine, que cela soit à travers la consommation des cigarettes, des boissons alcooliques, des divers types de drogues ou similaires..

L'Islam est clair à cet effet, toute consommation menaçant la santé humaine est prohibée, l'autodestruction de l'être humain est considérée par l'Islam comme un péché de taille, la vie est un don d'Allah (Dieu) dont l'objectif est de goûter à ses plaisirs sans oublier l'objectif suprême, celui de prier Allah (Dieu) en vue d'accéder à la vie éternelle, celle du paradis pour les croyants en l'unicité d'Allah (Dieu) et ceux qui ont, durant toute leur vie, fait preuve de bonté envers Allah (Dieu) et envers leurs frères et sœurs sur terre, ceci quelques soient leurs appartenances ethniques et religieuses. Allah (Dieu) a dit au Coran :

« *Et ne vous jetez pas par vos propres mains dans la destruction* ». Il s'agit d'un verset clair qui attire l'attention sur l'obligation de préserver la santé humaine de toute consommation de produits néfastes et dangereux.

Bien évidemment, plusieurs millions de musulmans à travers le monde consomment la cigarette, éventuellement, la majorité d'entre eux sont conscients du danger de celle-ci et de la position de l'Islam à cet effet, néanmoins, la difficulté de se débarrasser de la cigarette surtout après plusieurs années de consommation les empêche de se repentir, à ce propos, très souvent, le mois de Ramadan est considéré par plusieurs savants comme l'occasion idéale pour arrêter la consommation de la cigarette et se conformer à la position de l'Islam.

## L'Islam et les devoirs envers les parents

Actuellement, un peu partout dans le monde, le nombre des centres d'accueil des personnes âgées ne cesse d'augmenter, la raison principale étant un abandon douloureux de la part de leurs fils et filles...Un geste qui constitue le summum de l'ignorance de tous les sacrifices physiques et matériels des parents envers leur progéniture, une attitude des plus égoïstes qui justifient une absence terrible de principes et de valeurs humaines.

L'Islam a depuis toujours considéré les parents comme sacrés, sur plusieurs versets, l'Islam a corrélé la bienfaisance envers les parents à la prière, mieux encore, il a considéré que le paradis est au dessous des pieds des mères et que tout bon comportement envers les parents est considéré comme un accomplissement d'un devoir religieux de premier niveau. Allah (Dieu) a dit au Coran :

*"Soit que l'un d'eux ait atteint la vieillesse ou que tous deux y soient parvenus, étant à ta charge, garde-toi de marquer la moindre répulsion à leur égard ou de leur manquer de respect. Parle-leur toujours affectueusement. Fais preuve, à leur égard, d'humilité pour leur témoigner ta tendresse et dis : Seigneur ! Aie pitié d'eux comme ils l'ont été pour moi, lorsqu'il m'élevèrent tout petit."*.

Par ailleurs, le prophète Mohammed (Paix et miséricorde soient sur lui) a dit dans un *Hadith* :

*"N'entrera jamais au Paradis quiconque rompt le lien de parenté. »*

En conséquence, l'abandon des parents quand ces derniers atteignent un âge assez avancé est considéré par l'Islam comme un grave pêché, le musulman est ainsi censé de bien les traiter, de les prendre en charge (Référence au verset cité au 2ème paragraphe) et de répondre à leurs besoins en guise de reconnaissance.

Malheureusement, même au sein de quelques pays musulmans, des parents sont délaissés et abandonnés, ils souffrent en silence sans que leurs fils et filles soient conscients de la grave erreur commise, plusieurs facteurs sont responsables de cette situation dont principalement l'ignorance de la gravité de l'acte et la négligence des préceptes de l'Islam.

## L'Islam et les miracles du coran

Le Coran est la principale référence divine pour les musulmans. Il s'agit de la parole d'Allah (Dieu) transmise à son prophète Mohammed (Paix et miséricorde soient sur lui). Toutefois, beaucoup de musulmans se contentent uniquement de lire le Coran, d'appliquer ces préceptes et d'admirer ses multiples exemples et histoires faisant référence à plusieurs phases de l'histoire de l'humanité, ils ignorent malheureusement que ce même texte divin englobe une multitude de miracles qui justifient son authenticité.

En effet, le Coran, transmis graduellement au prophète de l'Islam depuis un peu plus de 14 siècles, contient des faits, événements et phénomènes scientifiques dont la vérification réelle ne s'est faite qu'au cours des deux derniers siècles. Il s'agit ainsi de preuves irréfutables que la parole d'Allah (Dieu) via ce livre divin est complètement authentique et que nul ne peut mettre en doute son exactitude et sa vérité.

**Exemple 1 : la citation de toutes les étapes de la création de l'Homme, de la goûte de semence (Sperme) jusqu'au fœtus.**

Le Coran a détaillé toutes les étapes de la création de l'Homme, en effet, le verset suivant les décrit scrupuleusement :

*« Ensuite, nous en avons fait une goutte de semence dans un réceptacle sûr, puis, nous avons créé de la goutte de semence une adhérence, puis nous avons créé de l'adhérence un morceau mâché, puis nous avons créé du morceau*

*mâché des os puis nous avons revêtu les os de chair ; ensuite nous en avons produit un autre être : béni soit Allah (Dieu) , le Meilleur des créateurs ! »*

Le Coran a aussi précisé que le sexe du fœtus est déterminé à travers les chromosomes X-Y figurant sur le sperme de l'Homme, le verset suivant le confirme :

*« Il a créé le couple, le mâle et la femelle, à partir d'une goutte de semence éjaculée».*

Par ailleurs, il est assez connu que la découverte scientifique des étapes de la constitution du fœtus et de l'origine de son sexe n'a été faite qu'au cours de la deuxième moitié du 20ème siècle, d'où la dimension miraculeuse du texte coranique à cet effet.

**Exemple 2 : La rondeur de la Terre**

La Coran a démontré que le jour et la nuit s'alternaient à travers un mouvement d'enroulement, d'où la forme ronde de la terre. Ce constat cité au Coran depuis plus de 14 siècles n'a été découvert scientifiquement que depuis 4 siècles à travers le célèbre mathématicien Galilée. Ci-après le verset en question :

*« Il a créé les cieux et la terre en toute vérité. Il enroule la nuit sur le jour et enroule le jour sur la nuit».*

Ainsi, à travers les deux exemples précédents, il s'avère que le Coran, tel que perçu par un grand nombre de musulmans, n'est pas uniquement une source de législation et une feuille de route pour un projet social défini, il s'agit avant tout d'une mine d'informations scientifiques objet de plusieurs études dans un ensemble d'universités à travers le monde, car, à cet instant même, ce livre divin n'a surtout pas encore dévoilé tous ses secrets, ce que beaucoup de musulmans malheureusement ignorent...

## L'Islam et l'aumône

La *Zakat* ou l'aumône, obligatoire en Islam, est sous forme d'un don en nature ou en espèce destiné aux plus démunis de la société musulmane. Elle est obligatoire pour tout musulman pubère et responsable répondant aux conditions connues en l'occurrence :

1- La possession complète du bien ou de la fortune;
2- Le bien ou la fortune devraient être susceptibles d'accroissement;
3- Le bien ou la fortune devraient atteindre le "Nisab" (Minimum imposable);
4- Le minimum imposable devrait être calculé après déduction des biens essentiels (Nourriture, vêtements, habitation, dettes...)

La *Zakat* étant un pilier de l'Islam demeure une forme de solidarité sociale dont l'objectif principal et de reconnaître que la fortune de manière globale n'est surtout pas une source de frime ou de distinction sociale, qu'il s'agit avant tout d'un don d'Allah (Dieu) pour examiner le degré d'empathie et de solidarité vis à vis des plus démunis. Au Coran, plus de 80 versets parlent de la *Zakat*, son principe, ses conditions et ses objectifs nobles, parmi ces versets, Allah (Dieu) s'adressant à son prophète a dit :

*"Prélève de leur bien une aumône par laquelle tu les purifies et les bénis, et prie pour eux. Ta prière est une quiétude pour eux. Et Allah (Dieu) est audiant et Omniscient".*

Aussi, Allah (Dieu) a dit :

*"Les aumônes sont destinées : aux pauvres et aux nécessiteux, à ceux qui sont chargés de les recueillir et de les répartir, à ceux dont les cœurs sont à rallier, au rachat des captifs, à ceux qui sont chargés de dettes, à la lutte dans le chemin d'Allah (Dieu) et au voyageur. Tel est l'ordre d'Allah (Dieu). Allah (Dieu) sait et il est juste".*

En outre, comme connu, plusieurs musulmans à travers le monde négligent le précepte de la *Zakat*, l'attachement à la fortune et l'absence du sens de solidarité en sont souvent les principales causes. De même, la non application officielle de la *Zakat* au sein de quelques pays musulmans est une cause additionnelle, elle est due principalement à l'absence d'un fonds institutionnel dédié à la récolte de la *Zakat* et à sa redistribution, une instance qui sélectionne les personnes éligibles et impose aux riches et nantis de verser leur *Zakat* annuelle.

## L'Islam et l'usure

L'usure désigne tout intérêt reçu ou payé en contre partie d'un emprunt ou d'un prêt, il s'agit d'une somme additionnelle au capital emprunté ou prêté constituant un gain issu de cette prestation financière. Il est connu que l'Islam a, depuis toujours, interdit l'usure, les textes coraniques sont claires à cet effet, Allah (Dieu) a dit au Coran :

*«Ceux qui pratiquent l'usure se présenteront, le Jour de la résurrection, comme des aliénés possédés par le démon et ce, pour avoir affirmé que l'usure est une forme de vente, alors qu'Allah (Dieu) a permis la vente et a interdit l'usure. Celui qui, instruit par cet avertissement, aura renoncé à cette pratique pourra conserver ses acquis usuraires antérieurs et son cas relèvera du Seigneur, mais les récidivistes seront voués au Feu éternel ».*

Par ailleurs, il est nécessaire de signaler que l'Islam a interdit l'usure pour plusieurs raisons, dont principalement l'exploitation de la pauvreté d'autrui pour s'enrichir sans fournir le moindre effort (commercial ou autre...), en effet, il s'agit d'un gain issu des efforts fournis par le bénéficiaire de l'emprunt qui ne cesse de produire dans l'ultime objectif de rembourser les intérêts à l'emprunteur, ce dernier ne fait ainsi qu'attendre l'échéance pour recevoir son intérêt.

En outre, l'Islam a bien séparé les deux concepts *Commerce* et *Usure* en fournissant une description détaillée du commerce qui est une opération de vente ou d'achat de biens ou services en contre partie d'une marge bénéficiaire, ainsi, au commerce, le gain n'est pas assuré suite à un échange "Argent contre Argent" mais plutôt "Bien contre Argent", ceci suppose que l'acheteur a déjà fourni l'effort de bien négocier le prix d'achat initial du produit avant de rechercher le client qui sera prêt à le lui acheter.

En Islam, le commerce crée de la valeur ajoutée et participe au développement économique contrairement à l'usure qui mène à une détérioration de la valeur de l'argent et du pouvoir d'achat et par conséquent, intensifie la pauvreté.

Partout au monde, il existe des banques commerciales dont les intérêts et agios sont leurs principales sources de revenus, plusieurs musulmans y sont clients et investisseurs, une grande partie d'entre eux savent pertinemment qu'emprunter ou prêter avec l'usure et formellement interdit en Islam, néanmoins, ils continuent à adopter ce système financier basé sur le gain facile ignorant ainsi les préceptes de leur religion.

Des cas ne devant certainement pas faire objet de justificatifs pour juger la position de l'Islam sur la pratique de l'usure.

## L'Islam et l'Islamophobie

Après les attentats du 11 Septembre 2001, le monde a connu une vague l'Islamophobie inédite issue d'une stratégie commune visant à nuire aux préceptes de l'Islam par n'importe quelle manière. L'objectif était apparent, celui de coller à tout prix l'étiquette du « terroriste » sur le visage de tout musulman, qu'il soit pratiquant ou simple croyant, ce musulman qui est censé saluer tout personne qui rencontre en utilisant l'expression *Assalam Alaikoum* (Que la paix soit sur vous).

Plusieurs personnalités, entités, états, supportés par un Lobby religieux, commercial et économique d'une extrême puissance n'ont cessé par tous les moyens possibles d'arrêter le développement de l'Islam et la croissance continue et très fortement constatée du nombre des musulmans à travers le monde, un constat qui a depuis toujours constitué une vraie menace pour leur avenir et projets politico-économiques. Tous les moyens ont été utilisés, de la pression politique, à l'attaque militaire en passant par l'influence médiatique, une vague dont le succès dépendait du degré de perception négative vis-à-vis de l'Islam, étant selon eux, une religion violente, intolérante et surtout discriminatoire à l'égard des Femmes !

Les communautés musulmanes à travers le monde ont réagi d'une manière assez remarquable à ces attaques volontaires, ils ont à travers plusieurs marches, manifestations et congrès essayé de lutter contre le développement de cette perception erronée en attirant l'attention sur son origine et les parties qui essayent de l'instaurer par tous les moyens. En revanche, malheureusement d'ailleurs, un ensemble de musulmans, surtout en pays d'occident, ont par négligence participé à l'amplification de cette perception à travers des actes de violence et des attitudes extrémistes qui n'ont aucune relation avec les préceptes de l'Islam qui interdit toute violence gratuite à l'égard des innocents...

Sans en être conscients, ces catégories de musulmans n'ont fait que rendre service aux ennemis de l'Islam en constituant des illustrations et exemples concrets défendant leur fourbe théorie...

## L'Islam et Noël

La communauté chrétienne du monde fête annuellement Noël, une fête qui célèbre la naissance de Jésus et qui coïncide avec le 25 Décembre de chaque année. Il est à constater, en occident plus précisément, que plusieurs centaines de milliers de musulmans fêtent à leur tour Noël en achetant tous les produits, gadgets et accessoires accompagnant la célébration de la fête (Sapins, guirlandes, bûches et autres), en décidant aussi de passer Noël dans l'un des lieux les plus animés de leurs cités.

Beaucoup d'entre eux ignorent que Noël n'est guère une fête musulmane, la célébrer n'a aucune signification religieuse par rapport à l'Islam puisque chez les musulmans, deux fêtes majeures sont à noter : la fête de la rupture du Jeun du mois de Ramadan et la fête du "mouton" pour commémorer l'histoire du prophète *Ibrahim* (Abraham) avec son fils *Ismail*. La fête de la naissance du prophète Mohammed (Paix et miséricorde soient sur lui) est aussi très souvent célébrée.

Par ailleurs, il est à rappeler que les musulmans croient en tous les prophètes, y compris bien évidemment Jésus, appelé en langue arabe *Issa*, la sacralité de tous les prophètes dont les noms sont cités au Coran, à titre d'exemple: *Issa* (Jésus)-, *Moussa* (Moise), *Ibrahim* (Abraham), *Yousouf* (Joseph) et d'autres...est incontestable, d'ailleurs, à titre d'exemple, un musulman est amené à joindre l'expression *Alaihi Assalam* (Que la paix soit sur lui) à chaque moment où il prononce le prénom de *Issa (Jésus)*.

En revanche, lors de la période de Noël, les musulmans, dans le cadre de la tolérance et du respect des religions peuvent souhaiter une bonne fête à leurs amis, voisins ou collègues chrétiens mais sans pour autant fêter l'événement de manière intégrale.

## L'Islam et le sexe

Il est malheureusement assez répandu que la liberté sexuelle en Islam est strictement "réglementée" par la loi coranique et les *Hadiths* du prophète Mohammed (Paix et miséricorde soient sur lui), ce cliché qui ne cesse de se propager demeure finalement faux!

En effet, l'Islam a permis aussi bien à la Femme qu'à l'Homme de profiter pleinement du rapport sexuel, toutefois, celui-ci devrait avoir lieu dans le cadre d'un mariage légalement reconnu. Cette condition est motivée par la volonté de l'Islam à réserver une importance primordiale au rôle de la petite famille, unie et solidaire, permettant une vie stable et sereine aussi bien aux deux personnes formant le couple qu'à leurs enfants. D'ailleurs, Allah (Dieu) a dit au Coran :

*« Et parmi ses signes, Il a créé de vous, pour vous, des épouses pour que vous viviez en tranquillité avec elles et Il a mis entre vous de l'affection et de la miséricorde. Il y a en cela des preuves pour des gens qui réfléchissent. »*

Dans le même contexte, le sexe au sein du couple est considéré par l'Islam comme une source de stabilité et de tranquillité, il est ainsi autorisé à l'épouse de profiter pleinement et sans restrictions du corps de son mari, à n'importe quel moment, de même pour celui-ci, à l'exception de la sodomie, interdite en Islam, la raison étant d'éviter toute maladie ou impureté à cet effet, que cela soit pour l'Homme que pour la Femme.

En outre, ce précepte de l'Islam autorisant toutes les formes de plaisir sexuel dans le cadre du mariage légal est en parfaite harmonie avec l'interdiction sévère de l'adultère. En effet, les statistiques internationales relatives aux enfants sans pères connus ne cessent d'augmenter pour dépasser dans certains pays les 45% de l'ensemble des naissances. C'est l'une des raisons fondamentales qui expliquent le précepte islamique stipulant l'interdiction formelle de l'adultère.

Certes, il existe plusieurs musulmans qui pratiquent l'adultère et qui pensent que le plaisir sexuel ne peut avoir lieu avec un seul partenaire, la raison primaire étant d'éviter la monotonie. Cette mauvaise perception est due essentiellement à une mauvaise éducation sexuelle (Sinon, son absence!), et par conséquent, une accusation à tord adressée à l'Islam comme étant une religion qui limite le plaisir sexuel et qui considère toute jouissance comme un péché!

## L'Islam et le Hajj

L'Islam est basé sur 5 piliers essentiels à savoir : La *Chahada* qui signifie l'attestation selon laquelle la personne atteste qu'Allah (Dieu) est seul et que Mohammed (Paix et miséricorde soient sur lui) que la paix soit sur lui est son prophète, la prière (5 fois par jour), la *Zakat* dont le principe de base est de réserver chaque année une part de son revenu ou de son épargne aux plus démunis, le jeun du mois de Ramadan et le pèlerinage (un événement qui se passe chaque année et durant lequel des millions de musulmans se déplacent aux lieux saints de l'Islam (La Mecque et ses environs) pour prier Allah (Dieu), ce rituel en Islam n'est pas optionnel, il est obligatoire pour achever les cinq piliers de la religion.

En effet, plusieurs musulmans négligent de manière volontaire ou par ignorance le pilier du pèlerinage, pour certains d'entre eux, la foi est dans le cœur et nul n'est obligé d'en faire preuve davantage en allant accomplir le pèlerinage aux lieux saints de l'Islam, une vision qui est complètement incorrecte.

Le pèlerinage a énormément de significations, il s'agit tout d'abord d'un événement rassemblant plus de 3 millions de musulmans du monde entier, sans aucune distinction raciale, financière ou familiale, avec un seul et unique objectif, la prosternation face à la grandeur du créateur, car finalement, à l'au-delà, la catégorie socioprofessionnelle ne servira à rien, seuls les bons actes effectués au cours de la vie de l'individu auront de la valeur.

En revanche, en rendant le pèlerinage obligatoire pour tout musulman, l'Islam l'a conditionné par l'existence de moyens financiers nécessaires pour l'effectuer, en effet, tout musulman démuni ne disposant pas de ressources financières couvrant son déplacement et son séjour avoisinant les 20 jours n'est pas dans l'obligation d'effectuer son pèlerinage.

Par ailleurs, malheureusement, beaucoup de musulmans estiment que penser au pèlerinage ne devrait se faire qu'une fois en retraite, une perception erronée puisque le pèlerinage à la Mecque nécessite une condition physique assez importante d'où la préférence de l'effectuer étant jeune.

En conclusion, estimer par plusieurs musulmans que le pèlerinage n'est qu'un pilier optionnel en Islam, que son accomplissement ne devrait se faire théoriquement qu'après avoir dépassé un certain âge confirme la règle selon laquelle comprendre l'Islam ne devrait pas se faire nécessairement en observant les comportements d'une ou de plusieurs catégories de musulmans…

## L'Islam et l'héritage de la Femme

La part de l'héritage de la Femme en Islam est égale à la moitié de celle de l'Homme. Ceci peut paraître à première vue une inégalité flagrante, une grave discrimination faisant atteinte aux droits de la Femme à l'égalité et favorisant l'image de l'Homme dominateur et de la Femme soumise. Ceci est une lecture assez répandue d'ailleurs en occident et surtout mise en évidence fréquemment par des acteurs de la société civile internationale, par des médias et des personnalités publiques dont l'objectif n'est autre que de nuire à l'image de l'Islam et alimenter en permanence l'islamophobie.

Par ailleurs, en posant la question à ces acteurs sur la raison et le fondement divin de cette « discrimination », la réponse demeure vague et subjective, il s'agit alors d'une lecture au premier degré du texte coranique suivi d'un faux jugement de valeur.

L'Homme en Islam, comme précédemment cité, a le droit d'hériter le double de la part de la Femme, ceci pour les quelques raisons suivantes :

1- L'Homme, une fois marié, est dans l'obligation de financer entièrement tous les besoins de son épouse et ses enfants, celle-ci, n'est guère obligée de contribuer à ce financement sauf par initiative, d'où son besoin continu de sources de financement dont parfois l'héritage.

Ainsi, de manière indirecte, l'héritage dont bénéficie l'Homme marié est très souvent consommé dans le cadre de son foyer, contrairement à celui de la Femme, qui demeure une richesse propre à la Femme d'en profiter personnellement sans engagement par ailleurs. Ceci implique que, finalement, cette « inégalité » présumée est vidée de son sens puisque une bonne partie de l'héritage de l'Homme revient à sa Femme dans le cadre de la *Nafaka*. Cette conclusion ne doit pas être corrélée avec le comportement de quelques musulmans qui l'ignorent ou carrément la négligent.

2- L'Homme doit aussi subvenir aux divers besoins de sa fille (ou de ses filles) de la naissance jusqu'au mariage. Ainsi, la fille, indépendamment de son âge, devrait toujours être prise en charge entièrement par son père jusqu'à son mariage, chose qui ne se passe pas forcément en occident. Ceci justifie davantage la raison du double héritage de l'Homme par rapport à la Femme.

3- L'Homme célibataire en Islam est dans l'obligation de subvenir aux besoins de ses parents en nécessité, même après son mariage, l'Homme devrait s'assurer ainsi que ses parents disposent de tous les moyens nécessaires pour une vie honorable. La Femme quant à elle, n'est pas amenée à financer les besoins de ses parents du fait qu'elle est elle-même prise en charge par son mari, sauf dans le cas ou elle dispose de revenus annexes lui permettant d'atteindre une certaine aisance financière pouvant l'aider à s'occuper matériellement de ses parents.

Par conséquent, il est clair que la lecture du texte coranique devrait être toujours en corrélation avec le fondement du précepte et ses finalités, le jugement de valeur ne devrait avoir lieu qu'après compréhension et assimilation des circonstances objet du texte, avec neutralité et objectivité.

Ci-après, quelques références coraniques relatives au sujet:

> *1- « Voici ce qu'Allah (Dieu) vous enjoint au sujet de vos enfants: au fils, une part équivalente à celle de deux filles. S'il n'y a que des filles, même plus de deux, à elles alors deux tiers de ce que le défunt laisse. Et s'il*

*n'y en a qu'une, à elle alors la moitié. Quant aux père et mère du défunt, à chacun d'eux le sixième de ce qu'il laisse, s'il a un enfant. S'il n'a pas d'enfant et que ses père et mère héritent de lui, à sa mère alors le tiers. Mais s'il a des frères, à la mère alors le sixième, après exécution du testament qu'il aurait fait ou paiement d'une dette. De vos ascendants ou descendants, vous ne savez pas qui est plus près de vous en utilité. Ceci est un ordre obligatoire de la part d'Allah (Dieu), car Allah (Dieu) est, certes, Omniscient et Sage »*

2- *« Ton Seigneur a ordonné de n'adorer que Lui. Il a prescrit d'être bon envers ses père et mère. Soit que l'un d'eux ait atteint la vieillesse, ou que tous deux y soient parvenus, étant à ta charge, garde-toi de marquer la moindre répulsion à leur égard ou de leur manquer de respect. Parle-leur toujours affectueusement. Fais preuve, à leur égard, d'humilité pour leur témoigner ta tendresse et dis: Seigneur ! Aie pitié d'eux comme ils l'ont été pour moi, lorsqu'ils m'élevèrent tout petit ».*

## L'Islam et la prière

La prière est l'un des 5 principaux fondements de l'Islam. Elle est ainsi la preuve de la conviction que seul Allah (Dieu) est le créateur de cet univers et que tout être dans cette terre est en mesure de le prier. Plusieurs musulmans à travers le monde considèrent l'existence d'une foi en Allah (Dieu) et la prononciation de la *Chahada* comme des critères suffisants prouvant leur appartenance à l'Islam, il s'agit d'une perception complètement fausse, la *Chahada* est certainement la clé qui permet à tout individu d'accéder au monde de l'Islam, toutefois, elle ne demeure pas suffisante pour être considéré comme étant un vrai musulman, croyant en les valeurs et préceptes de cette religion qu'est l'Islam.

La prière est obligatoire par unanimité des *Oulémas* et savants, en effet, l'existence de textes clairs et directs a éliminé toute perspective d'analyse et d'interprétation. Allah (Dieu) a dit au Coran :

« *Accomplissez scrupuleusement la Prière, car la Prière est une stricte obligation pour les croyants et doit être accomplie aux heures précises* » *(Les Femmes - 103),* par conséquent, nul n'est en mesure de nier l'obligation de la prière et de se contenter de la fameuse réponse -prétexte: *"la foi est dans le cœur !"*

En définitive, il est évident qu'il existe plusieurs milliers, voire millions de musulmans qui ne font pas la prière, ceci est ainsi dû à plusieurs facteurs dont essentiellement :

*-L'ignorance de l'existence d'un texte coranique imposant la prière;*

*-L'absence d'une détermination et d'une vraie volonté à effectuer la prière;*

*-Les éventuelles menaces dont sont confrontées plusieurs musulmans pratiquants à travers le monde (Aux pays du monde islamique et ceux de l'occident).*

En somme, côtoyer un musulman n'effectuant pas sa prière ne devrait pas faire l'objet d'une transformation du fait en principe, car l'Islam a été toujours transparent sur la question de la prière, elle est obligatoire pour tout musulman.

## L'Islam et les fiançailles

Les fiançailles en Islam représentent une promesse de mariage. Il s'agit de l'occasion propice où le futur mari rencontre le père et éventuellement d'autres membres de la famille pour fournir sa promesse de se marier avec la future épouse. La période des fiançailles est aussi en Islam une phase qui permet aux deux futurs mariés de se connaitre davantage, de partager les idées, comportements, habitudes, de planifier leur mariage et que chacun puisse mieux connaitre la personnalité de l'autre. A la fin de cette période, le couple peut ainsi décider de la concrétisation de la relation à travers le mariage.

Plusieurs musulmans croient que durant la phase des fiançailles, tout est permis! Ils font ainsi la confusion entre la promesse de mariage et le mariage définitif, ainsi, ils se permettent de vivre une vraie vie de couple. En effet, pour plusieurs d'entre eux, l'acte de mariage n'est en fin de compte qu'une formalité!

L'Islam a depuis toujours distinguer entre les fiançailles et le mariage, les droits et obligations des fiancés et ceux des mariés, à cet effet, les contacts physiques, les paroles perverses, l'isolement sont prohibés pendant la période des fiançailles, par conséquent, tout futur couple qui se permet de dépasser ces limites serait en situation de non-respect des préceptes de l'Islam.

En résumé, pour que la période des fiançailles puisse être conforme aux exigences de la loi islamique, les conditions suivantes doivent être vérifiées:

*1. Le prétendant doit avoir réellement l'intention de se marier avec la Femme;*

*2. Le prétendant peut demander à la voir à n'importe quel moment (De même pour elle), toutefois, les fiancés ne doivent pas s'isoler dans un lieu écarté...*

*3. Les fiancés ne doivent pas s'échanger des mots et expressions à connotation sexuelle ou érotique durant la période des fiançailles, ils doivent se rappeler que cette période est avant tout une phase de découverte des personnalités, des habitudes et comportements, des objectifs communs, des croyances et principes, car, la probabilité que la relation ne puisse pas se concrétiser existe, d'où l'obligation de préserver un certain respect mutuel entre eux...*

En conséquence, il ne faut guère se référer aux comportements de quelques musulmans financés, ignorant ou négligeant les directives de l'Islam concernant la période des fiançailles pour s'y inspirer et en faire des références confirmées.

## L'Islam et le « Jihad »

Le débat sur la différence entre le terrorisme et la guerre sainte, appelée en Arabe "Jihad", a fait l'objet ces dernières décennies d'une ampleur grandiose. En effet, le mot terrorisme est devenu synonyme au principe de la guerre sainte en Islam, ainsi, tout musulman qui donne fin à la vie d'une autre personne (ou plusieurs), qu'elle soit musulmane, monothéiste, athée ou autre, est qualifié automatiquement de terroriste!

Actuellement, l'islamophobie étant en croissance continue, la mise en évidence de la différence entre le "Jihad" et le terrorisme devient impérative. A cet effet, il est nécessaire de rappeler le principe même de la guerre sainte, qui est tout simplement une guerre permettant au musulman à se défendre de toute personne voulant occuper sa terre, violer son intimité, combattre sa religion et toucher à ses sources de richesses, il s'agit ainsi d'une guerre purement légitime pour tout individu, indépendamment de sa religion ou de ses croyances.

Le terrorisme (il n'existe d'ailleurs pas encore de définition universelle de ce phénomène) peut être considéré comme une offensive, attaque, geste criminel non justifié à l'égard d'une personne ou d'un groupe d'individus dans le but de les terroriser en ciblant leurs droits, croyances et propriétés, de là nous pouvons même conclure que la guerre sainte peut être considérée justement comme l'opposé même du terrorisme!

Il est utile aussi d'indiquer que l'Islam n'a jamais incité à la terreur à l'égard des non-musulmans, bien au contraire, il a fait preuve de tolérance en interdisant aux musulmans de combattre les adaptes des autres religions sans raison fondée et justifiée, d'ailleurs, sur le coran est mentionné :

*"Dieu ne vous défend pas d'être bienfaisants et équitables envers ceux qui ne vous ont pas combattus pour la religion et ne vous ont pas chassés de vos demeures. Car Dieu aime les équitables."*

Ainsi, Il n'est guère juste et équitable de corréler l'Islam à l'intolérance vis à vis des autres religions en ayant comme source d'inspiration les actes extrémistes et isolées de quelques à musulmans à travers le monde.

## L'Islam et le port du voile

L'affaire du port du voile a suscité dans plusieurs pays une polémique de taille, on lui a accordé une importance grandiose qui demeure très exagérée par rapport à ses enjeux et conséquences. Tout d'abord, il est nécessaire de revenir au texte sacré, en l'occurrence, le Coran. L'Islam, à travers son livre sacré a imposé le port du voile

*« Ô Prophète ! Dis à tes épouses, à tes filles, et aux Femmes des croyants, de ramener sur elles leurs grands voiles (un pan de leurs tuniques) : elles en seront plus vite reconnues et éviteront d'être offensées. Dieu est Pardonneur et Miséricordieux. ».*

Néanmoins, l'Islam n'a pas défini un modèle vestimentaire précis, avec des caractéristiques connues et bénéficiant d'un consensus universel, loin de là, l'Islam a mis l'accent sur le principe de la pudeur de manière globale, de la nécessité de couvrir aussi bien le corps de l'Homme (L'Homme ne doit pas à son tour montrer les parties les plus intimes de son corps) que celui de la Femme, d'ailleurs, le Prophète Mohammed (Paix et miséricorde soient sur lui) a dit :

*« La foi comporte soixante et quelques branches…. La pudeur fait partie de la foi ».*

Le port du voile pour la Femme permet justement de réaliser tout ou du moins une partie de cet objectif qu'est la pudeur, en cachant les parties du corps les plus intimes (poitrine, cuisses, jambes, bras, épaules...), la Femme se conforme ainsi au fondement du port du voile, plusieurs savants musulmans insistent aussi sur l'obligation de couvrir les cheveux en se basant sur le *Hadith* suivant:

*"Aïcha (l'épouse du prophète), que Dieu soit satisfait d'elle, a raconté que sa sœur aînée, Asma, que Dieu l'agrée, était entrée chez le Prophète, paix et salut sur lui, portant des vêtements fins. Alors, le Prophète, paix et salut sur lui, détourna la tête et dit : « Asma, à partir du moment où elle est pubère, il ne convient plus que l'on voit de la Femme autre chose que ceci, en montrant son visage et ses mains ».*

En outre, il est évident qu'il existe plusieurs millions de Femmes musulmanes non voilées à travers le monde, ceci ne veut pas signifier forcément que ces Femmes ignorent l'existence d'un texte religieux, loin de là, une bonne majorité d'entre elles avouent que le port du voile est obligatoire, en revanche, elles estiment que, généralement, leur non-port du voile est argumenté par les facteurs suivants:

*-Le refus de l'acceptation dans des postes professionnels pour cause du port du voile;*

*-La volonté de séduire et de se faire belle;*

*-Un niveau de foi assez faible (on estime qu'une partie assez majoritaire des Femmes non voilées sont des croyantes non pratiquantes);*

*-La tradition et les coutumes (Dans certains pays, l'aspect vestimentaire dont le modèle est défini depuis plusieurs décennies est corrélé à l'appartenance à une certaine catégorie sociale);*

Par conséquent, voir une Femme musulmane non voilée ne signifie guère que l'Islam n'a pas été clair et transparent sur la question du port du voile, l'objectif étant depuis toujours, préserver la pudeur au sein de la communauté musulmane, loin de toute fausse interprétation orientée vers la volonté de l'Islam de toucher aux droits des Femmes et à leur liberté, l'Homme étant aussi obligé de ne pas se promener quasi-nu, cette interprétation fournit alors ses limites.

## L'Islam et la consommation du porc

Comme connu, l'Islam a interdit la consommation de la viande du porc ou tout autre produit alimentaire extrait de cet animal. Plusieurs interrogations se posent sur les raisons de cette interdiction, selon plusieurs personnes, la viande du porc n'a aucune particularité spécifique par rapport à celle du bœuf, du mouton, de la chèvre ou du poulet, pourquoi l'interdire alors ?

L'Islam de manière générale interdit tout acte pouvant mener vers la détérioration de la santé humaine, Allah (Dieu) a dit au Coran : « *Et ne vous jetez pas par vos propres mains dans la destruction.* », c'est l'une des raisons pour laquelle l'Islam a interdit la consommation de l'alcool et a prohibé le suicide et bien d'autres actes nuisant à la santé ou mettant fin à la vie humaine. Par conséquent, à la fin du vingtième siècle, il a été démontré scientifiquement que la consommation de la viande du porc menace sérieusement la santé de l'appareil digestif et peut causer plusieurs maladies intestinales et parfois des troubles du système cardio-vasculaire.

Des maladies qui apparaissent à des fréquences nettement plus limitées suite à la consommation continue des autres types de viandes. Ce précepte Islamique représente pour plusieurs chercheurs et savants une preuve additionnelle de l'authenticité du Coran et de la multitude de ses miracles scientifiques.

Toutefois, il est à constater que plusieurs musulmans à travers le monde consomment la viande du porc, cette consommation est issue d'un ensemble de facteurs essentiels qui sont dans la majorité des cas liés à l'ignorance du précepte ou carrément sa négligence (Cas des musulmans non pratiquants)…

## Table of Contents

PREFACE..................................................................................................2
L'islam et le racisme...............................................................................3
L'Islam et la consommation de l'alcool...................................................5
L'Islam et la polygamie...........................................................................7
L'Islam et le mariage.............................................................................10
L'Islam et l'infidélité conjugale ............................................................14
L'Islam et la science..............................................................................16
L'Islam et les chrétiens .........................................................................18
L'Islam et l'obéissance de l'épouse à son mari....................................20
L'Islam et le jeun de Ramadan..............................................................23
L'Islam et la protection des animaux....................................................25
L'Islam et la propreté du corps humain................................................27
L'Islam et la cigarette............................................................................29
L'Islam et les devoirs envers les parents..............................................31
L'Islam et les miracles du coran...........................................................33
L'Islam et l'aumône...............................................................................36
L'Islam et l'usure...................................................................................38
L'Islam et l'Islamophobie......................................................................40
L'Islam et Noël......................................................................................42
L'Islam et le sexe...................................................................................44
L'Islam et le Hajj...................................................................................46
L'Islam et l'héritage de la Femme.........................................................48
L'Islam et la prière.................................................................................51
L'Islam et les fiançailles........................................................................53
L'Islam et le « Jihad »...........................................................................55
L'Islam et le port du voile.....................................................................57
L'Islam et la consommation du porc....................................................60

Oui, je veux morebooks!

# i want morebooks!

Buy your books fast and straightforward online - at one of world's fastest growing online book stores! Environmentally sound due to Print-on-Demand technologies.

## Buy your books online at
## www.get-morebooks.com

Achetez vos livres en ligne, vite et bien, sur l'une des librairies en ligne les plus performantes au monde!
En protégeant nos ressources et notre environnement grâce à l'impression à la demande.

## La librairie en ligne pour acheter plus vite
## www.morebooks.fr

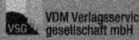 VDM Verlagsservicegesellschaft mbH
Heinrich-Böcking-Str. 6-8    Telefon: +49 681 3720 174    info@vdm-vsg.de
D - 66121 Saarbrücken    Telefax: +49 681 3720 1749    www.vdm-vsg.de

www.ingramcontent.com/pod-product-compliance
Lightning Source LLC
Chambersburg PA
CBHW031322150426
43191CB00005B/298